Deus Cura

A Palavra Eterna,

o Deus Único, o Espírito Livre,

fala através de Gabriele,

assim como falou através de

todos os profetas de Deus –

Abraão, Jó, Moisés, Elias, Isaías,

Jesus de Nazaré,

o Cristo de Deus

DEUS
Cura

Gabriele

Casa Editorial
Gabriele

Deus Cura
1ª Edição Dezembro 2020
© Gabriele-Verlag Das Wort GmbH
Max-Braun-Str. 2, 97828 Marktheidenfeld

www.gabriele-publishing-house.com

Traduzido do título original alemão:
GOTT heilt

A edição alemã é a obra de referência para todas
as perguntas em relação ao significado do conteúdo
Reservados todos os direitos

Pedido No. S 209ptPOD
ISBN 978-3-96446-537-5

Índice

Cura

Nesta palavra vibra muito daquilo que o ser humano associa e associou a ela em todos os tempos.

Cura

Quanta saudade, quanta esperança do coração humano ressoa na palavra "cura"!

Cura é bálsamo, conforto e salvação; é a paz onde há ou houve um distúrbio. A palavra "cura" significa o processo de cura, de "tornar-se são", não o estado de "estar curado".

Qual a pessoa que não precisa de cura?

Será que quase todos nós não temos um problema de saúde menor ou maior para lamentar, do qual gostaríamos de ser libertos?

A pessoa cujo coração ainda é capaz de sentir, também tem um pressentimento que a cura, "tornar-se são" e, finalmente, ser curado, está relacionada a uma ordem fundamental do interior da pessoa. A cura em seu sentido mais profundo diz respeito às áreas da alma que são a própria origem do ser humano, áreas nas quais repousa a sua propria vida.

*Como podemos nos abrir
para a fonte de força curativa?*

A força central no interior do ser humano é
o Espírito.

O Espírito é a força primordial de todo o SER.

Esse Todo-Espírito divino é a vida em todas as
formas de vida, também na matéria.

Ele respira na alma do ser humano e em cada
célula do seu corpo. O Espírito é, portanto, a vida,
a força da vida, a força de cura. Se desejamos alcançar a cura através do Espírito, temos que "ani-
mar" a cura e tudo que estiver relacionado à cura,
ou seja, temos que imbuir os nossos pensamentos
e palavras com vida.

Com que frequência as pessoas dizem: "Eu
tenho que me tornar saudável. De fato, quero
me tornar saudável", enquanto ao mesmo tempo, no seu interior, elas duvidam que se tornarão
saudáveis? Isso significa que elas podem muito bem dizer "cura" e "tornar-se são": "Eu quero
me tornar saudável", sem estarem conscientes de

que, ao mesmo tempo, no seu interior, com seus pensamentos e sentimentos, elas duvidam que se tornarão saudáveis. Ao fazer isso, elas opõem as palavras positivas de "cura" ou "tornar-se são" com seus pensamentos e sentimentos pessimistas e duvidosos. Isso significa que as forças positivas nas palavras "cura" ou "tornar-se são," são impedidas. Assim, nós mesmos destruímos aquilo que desejamos. Não animamos o que exprimimos.

Cada pessoa tem uma alma e cada forma de vida é vivificada por uma força, Deus.

Somente quando nós conseguirmos ter confiança n'Aquele que é a salvação e a cura, Deus, e animarmos as nossas palavras com a nossa confiança, quando deixarmos o nosso mundo de sensações, sentimentos e pensamentos vibrar nas palavras "cura" e "tornar-se são" como uma força vivificante, é que essas palavras terão força e efeito em nossa alma e em cada célula do nosso corpo. Somente então, efetuamos a cura e alívio do nosso sofrimento.

Deus é espírito. Deus é energia. O corpo humano, como todas as outras formas de vida de matéria densa, grossa, é energia transformada para baixo, espírito condensado. Vive no nível material de vibração que lhe corresponde. O Espírito, Deus, no entanto, vivifica a vida e, assim, cada um de nós.

Se nos abrirmos a Deus, o Espírito, transformando o nosso mundo de pensamentos e sentimentos a uma vibração mais elevada, ou seja, esforçando-nos para ter pensamentos nobres, puros e bons, e expressando o que podemos afirmar com os nossos sentimentos e pensamentos, então nós encontramos o caminho para a origem da vida, para o Espírito. Então nos abrimos para a fonte eterna de força e alcançamos alívio e cura.

Assim, depende exclusivamente de nós, se nos abrirmos e se deixarmos a força do Espírito fluir para as palavras "cura" e "tornar-se são" através dos nossos sentimentos e pensamentos. Os nossos sentimentos e pensamentos agem como transformadores da força divina, que então vivifica as palavras e permite que se tornem efetivas de maneira positiva dentro e ao redor de nós.

Se, no entanto, os nossos sentimentos e pensamentos não forem positivos e dissermos: "Quero saúde e força", essas palavras não terão força, porque o transformador não está conscientemente orientado para a cura, para a força, Deus. Sentimos e pensamos de maneira diferente do que falamos. Como resultado, desligamos automaticamente a força vivificante que deseja dar vida aos nossos sentimentos, pensamentos e palavras.

Portanto, não devemos esperar cura, recuperação ou alívio quando pensamos ou falamos a palavra "cura", mas reagimos de maneira bastante diferente no nosso mundo de sentimentos e sensações; pois sentimentos, sensações e pensamentos são os transformadores da força.

Podemos pensar e dizer as palavras "cura" e "saúde" por dias, mas isso não acontecerá em nós se não adicionamos a força vivificante aos pensamentos e palavras, se não lhes dermos vida com nossas sensações, sentimentos e pensamentos e não dermos força ao nosso desejo. Continuaremos doentes e continuaremos sujeitos às nossas preocupações e dificuldades, como também aos golpes do destino.

O ser humano pode ultrapassar doença, problemas e golpes do destino se ele refletir sobre a sua origem, sobre o Espírito, e por se esforçar para alcançar um desenvolvimento espiritual mais elevado através dos seus esforços para realizar as leis espirituais-divinas. A lei mais elevada e toda-abrangente é o amor.

Uma cura profunda e duradoura é possível somente através do, e pelo, Espírito, pois toda força, toda a vida e toda a cura são resolvidas no Espírito.

Quero apenas dar-lhe conselhos e orientação para abrir a força de cura e vida. No entanto, esses conselhos e orientações nunca podem ser exaustivos e completos, pois as correlações são tão complexas e os aspectos tão variados e sutis, quanto a própria vida.

A Idade Nuclear — A Idade do Aquário —
A influência das forças cósmicas —
O mundo está desmoronando —
Onde está a segurança?

Temos que ver a vida na Terra durante a nossa época em sua relação ao cosmos.

Estamos diante de uma grande virada dos tempos. As forças cósmicas estão afetando cada vez mais a nossa vida atual.

Por causa de leis irrefutáveis, que não conseguimos compreender em todos os detalhes, essas energias têm um efeito tanto sobre a Terra como dentro dela. Elas também afetam todo o sistema solar e provocam mudanças em todas as partes. Por causa disso, são despertadas as doenças e os golpes do destino latentes em nossa alma e no nosso corpo físico. São as causas de vidas anteriores. A energia cósmica traz à luz todas as coisas que ainda não foram expiadas.

A Terra gira em torno do seu eixo na alternância de dia e noite. De acordo com outras leis cósmicas predefinidas, ela gira ao redor do sol, o doador de vida da substância material, na sequência da primavera, verão, outono e inverno.

De acordo com ainda outras leis predefinidas, sucedem-se imensas épocas espirituais e cósmicas. Cada época contém mais espiritualidade em si e desperta o ser humano para uma percepção espiritual mais elevada. Assim, muitos de nós percebemos que a nossa vida verdadeira é cósmica, ou seja, eterna, e que estamos vinculados aos nossos corpos e vinculados ao planeta Terra por apenas um curto período de tempo, uma breve existência.

O nosso ser verdadeiro, eterno, é um filho do universo, o Todo, o filho do Pai eterno. Não podemos deixar de nos orientar a essa força cósmica, a Deus, sendo que somos filhos do cosmos e herdeiros da eternidade.

Vivemos na idade nuclear e, ao mesmo tempo, do ponto de vista espiritual, na idade do Aquário, que continua a nos guiar e nos estimula a levar uma vida espiritual e de interiorização.

Mais e mais pessoas não encontram mais substância ou segurança na vida material. A verdade eterna impele muitos, e começam a buscar ideais e valores mais elevados. Eles se esforçam no seu interior, a fim de encontrar salvação e vida ali.

Mais e mais pessoas ficam doentes e muitas têm medo. Elas vivem com um medo constante: Quando ocorrerá uma doença e me confinará na cama? Ou: Serei vítima de irradiação nuclear e me tornarei numa pessoa que sofre? Quanto mais os medos aumentam, tanto mais intensamente o indivíduo busca a salvação, a segurança, a esperança e a confiança.

Nestes tempos turbulentos, em que as pessoas já não estão a salvo de irradiação nuclear, doença e doença crônica, uma vez que elas já não sabem quais os alimentos ainda bons e quais já estão contaminados, muitos começam a buscar a salvação dentro de si.

O Espírito eterno, que dá vida e salvação, Deus, o amor, não abandona a humanidade. Quanto maiores forem as necessidades do ser humano, mais poderosamente o Espírito atua neste mundo. Ele ensina Seus filhos e lhes dá alívio e cura.

No entanto, o pré-requisito é que o ser humano afirme o Espírito, a vida, Deus, e O reconheça em si mesmo como a fonte de força. Este é o primeiro passo para a salvação interior. O segundo é empenhar-se em ter paz com o próximo e ser puro em sentimentos e pensamentos. Assim, a pessoa começa a amar o seu próximo, que também sofre como ela. Ela ganha compreenção pelo próximo e vai ter com ele; então, ela vai em direção a Deus, o Médico e Curador Interior em Cristo, nosso Redentor.

Pois o Espírito em nós quer ser o nosso caminho e, ao mesmo tempo, o nosso médico e o nosso curador. Ele é Aquele que nos conduz às alturas cósmicas, à eterna primavera de bem-aventurança, desde que estejamos dispostos e capazes de nos abrirmos a Ele, à Sua força, ao Seu poder de cura. Somente o Espírito é o caminho, que significa crescimento interior, salvação e saúde.

O mundo está sujeito a mudanças contínuas. Nos próximos tempos, uma mudança de proporções inimagináveis se irromperá sobre a humanidade, mais extensa e abrangente do que podemos absolutamente imaginar agora. A irradiação nuclear aumentará e a nossa vida na Terra se tornará cada vez mais ameaçada. Cedo ou tarde, teremos de reconhecer que aquilo que o ser humano concebeu e criou está se afastando cada vez mais da ordem até agora existente. Temos que reconhecer que a natureza também, as ervas, frutas e legumes, sofrem sob as causas do abuso do ser humano e estão se tornando cada vez mais intragáveis.

Para onde deve o ser humano recorrer quando o sofrimento, a aflição, a dor o oprimem, quando o seu corpo é marcado por doenças e enfermidades? Onde estão as pessoas que trazem alívio e cura? São aquelas que estão agora fazendo grandes discursos, que apaziguam as pessoas e continuam a manter o rumo estabelecido, apesar de todos os sinais de perigo para a vida na Terra? No momento, elas ainda estão em posições de liderança. Mas quando a necessidade entre as pessoas se tornar maior, quando a doença e a enfermidade se espalham ainda mais, então, mesmo elas terão de calar e, finalmente, buscar Aquele que é a vida, que está acima do temporal, acima da doença, miséria e preocupação. Ele é o Médico e Curador Interior, o Espírito, Deus, que salva a vida da nossa alma e traz a cura para o nosso corpo.

À medida que o tempo avança e a ameaça nuclear aumenta, muitos irão reconhecer a Idade do Aquário em que o Espírito pressiona para se revelar. Mas os não despertos e ignorantes irão chorar e lamentar ainda mais alto e se apegar ao que era anteriormente válido. O mundo também perecerá para o não desperto, porque o que significa segurança para ele agora começa a vacilar, a se desmoronar. O seu último ponto de apoio será tirado dele, a sua felicidade fugaz arrebatada. Nesse estado, ele vagará confuso e se perguntará: "Onde está a segurança na minha vida, onde está o meu refúgio?"

Nada se perde —
Colhemos o que semeamos

No entanto, quem despertou sabe onde procurar e encontrar a segurança indestrutível, a vida verdadeira. Ele sabe que a morte física não é o fim, mas que a morte é apenas a porta de entrada para a próxima existência da alma. A alma continua a viver com todas as qualidades de luz e sombra que adquiriu enquanto estava no corpo humano.

Nada vai por água abaixo. Uma pessoa colherá o que semeia, a menos que se esforce seriamente pelo auto-exame e o auto-reconhecimento. Com isso, ela imediatamente entende o seu comportamento errado. Ela entende as suas violações contra a lei divina e logo toma medidas para purificá-las. Esta é então uma vida "vivida", ou seja, uma vida que é vivida conscientemente.

Quem entende que tudo é energia e que nenhuma energia se perde também sabe: qualquer energia que eu, como pessoa, emita em forma de sentimentos, pensamentos, palavras, ações, bons atos e maus, em forma de medo, ódio, inveja, inimizade e ciúme volta para mim. Ela entra na minha alma e se reflete no meu corpo, de acordo com a maneira como eu pensei e agi. Pois nesta ou nas futuras vidas na Terra ou nas esferas de purificação, o que semeei como ser humano será visível em e sobre o meu corpo.

Quem compreende que nada se perde ou vai por água abaixo, põe-se a caminho para "chegar ao fundo das coisas" em si mesmo, para explorar a si mesmo. Ele põe-se a caminho para seguir as eternas leis divinas e se volta novamente à sua pátria interior.

Através do auto-reconhecimento e da purificação da sua alma, ele alcança o conhecimento de Deus e se sente seguro em Cristo. Ele não precisa temer, pois não obtém a sua segurança de fora. Ele sabe que a alegria e o sofrimento não vêm de dentro, do Espírito eterno, mas que ele mesmo criou essas energias. Elas "abafam" a eficácia do Espírito e se fazem notar como energia, que também é som, dentro e sobre o seu corpo.

Tudo o que suportamos como seres humanos — alegria ou tristeza, paz, harmonia ou doença, golpes do destino, solidão ou necessidade — nós mesmos adquirimos ou infligimos um dia a nós mesmos com pensamentos e atos correspondentes, positivos ou negativos.

Portanto, nós mesmos somos os arquitetos da nossa vida.

Ativar as forças interiores —
Oração eficaz — Quietude e silêncio

O ser humano está na escola da vida. A Terra é o local de aprendizagem e provação. Devemos reconhecer essa oportunidade e, portanto, nos esforçar de purificar a nossa alma, esse bem cósmico, orientado-nos, já como ser humano, ao verdadeiro objetivo da vida, ativando e aumentando o fluxo das forças interiores, as forças divinas que são tambem as forças de cura.

Temos que trabalhar em nós mesmos para nascer de novo no Espírito, de fato, para nos tornarmos "sãos", alcançando assim a cura proveniente do Espírito. Temos que guardar as leis da vida, e então, despertaremos a fonte dentro de nós que deseja preencher todas as células do nosso corpo.

Tudo está no interior. A cura total é o Espírito que habita no fundo da nossa alma. É a força que cura alma e pessoa. Essa força interior, que é a força da vida e de cura em nossa alma e também em nosso corpo, pode ter efeito através da oração e meditação por meio de níveis mais elevados de quietude e silêncio.

Orar, com efeito, significa que realizo em minha vida a oração e todos os pedidos que apresento. Se eu oro para ser curado, devo ter pensamentos de cura em meu interior e não falar mais sobre doença. Se eu oro pela paz, devo perdoar o meu próximo e pedir perdão a ele. Os pensamentos positivos, altruístas, que envio ao meu próximo ao ver nele o positivo, trazem paz em mim. Quando começo a amar o meu próximo e não critico os seus defeitos e fraquezas, o meu amor e a minha oração abrem o meu coração.

A oração certa sempre anda de mãos dadas com uma forma de vida correta.

Eu atinjo níveis mais elevados de quietude e silêncio somente quando os meus sentimentos e pensamentos são nobres, quando também vejo o bem no meu próximo, quando faço o bem e quando ajo de forma altruista. Então torna-se silencioso em mim. Os meus sentimentos e pensamentos negativos se tornam cada vez mais silenciosos. Então direi apenas o que é importante, bom e conducente. Isso é quietude e silêncio num nível mais elevado. Isso não significa necessariamente que todos os pensamentos devem cessar, que deve haver uma parada absoluta dos meus pensamentos. Oh não, pensamentos altruístas, puros e plenos de Deus também podem estar em mim. Isso também é quietude; isso também é silêncio.

Somente quando ficarmos quietos em nós, poderemos nos distanciar cada vez mais dos nossos pensamentos e tendências baixos. Então, o Espírito todo-poderoso, a força de cura interior e da vida, começa a ser cada vez mais efetiva em nós. Atingimos a cura de dentro para fora e nos tornamos sãos. Esforçar-se por esse estado de saúde, significa mudar a nossa maneira de pensar completamente, reorientando-nos a nós mesmos.

Cada pensamento se esforça
pela sua realização

A vida é vibração. Essa verdade básica é abrangente. Na vida humana, uma espécie de vibração é de particular significância para o nosso bem-estar e nosso pesar; são os nossos pensamentos.

Pensamentos são forças imensuráveis.

O que pensamos se torna realidade, a não ser que captamos os nossos pensamentos a tempo e os entregamos à luz interior, pedindo perdão e que sejam transformados. Então, estamos novamente livres da negatividade que acabamos de pensar, que tínhamos emitido ao éter, e que, com toda a certeza, voltaria sobre nós.

Os pensamentos são como sementes: eles criam raízes, crescem e dão seu tipo de fruto — isto é, de acordo com o que pensamos, falamos e fizemos.

Se desejamos dar forma feliz à nossa vida, se desejamos colher saúde, harmonia, paz, amor e alegria, devemos primeiro semear as sementes correspondentes da maneira que sentimos, pensamos e agimos.

Para alcançar a cura interior, deve ficar claro para nós que cada pensamento se esforça para a sua realização, tanto os pensamentos positivos quanto os negativos. Quanto mais frequentemente um pensamento é pensado, tanto mais forte é a sua força e o seu efeito na nossa alma e no nosso corpo.

Se, por exemplo, dírigimos todas as nossas aspirações, anseios e desejos a um pensamento, o menor impulso do âmbito de pensamentos — muitas vezes do âmbito do subconsciente — irá lançar esse pensamento para o âmbito da consciência e da realidade, e irá nos escravizar e atormentar. Se nos observarmos, teremos que reconhecer que somos diletantes da vida enquanto permanecermos escravos dos nossos pensamentos negativos.

Portanto, devemos reconhecer que cada doença, cada indisposição, cada golpe de destino é o resultado dos nossos próprios sentimentos, pensamentos e atos. Através dos nossos pensamentos, nós mesmos criamos as energias positivas que permitem a nossa alma florescer e se tornar sã e que trazem paz e saúde ao nosso corpo. Nós mesmos criamos os campos de energia negativos que também nos afetam, carregam as nossas almas e provocam mais impulsos de pensamento, ou seja, eles atraem do âmbito dos pensamentos o mesmo ou algo semelhante. O que atraímos e retemos por meio de outras atividades nos nossos pensamentos permanece conosco e nos influencia cada vez mais, dependendo da frequência com que pensamos as mesmas coisas ou algo semelhante.

Se há apenas um traço de sofrimento ou preocupação na nossa alma, este traço pode ser ampliado em um complexo gigantesco por um impulso de fora. Começamos a pensar em algo, mas deixamos de monitorar e controlar os nossos pensamentos. Deixamos que esses pensamentos retornem repetidas vezes e, além disso, continuamos pensando da mesma forma ou de forma parecida. Isso intensifica a energia negativa e tem um efeito correspondente no nosso corpo. As consequências disso podem ser golpes de destino, sofrimento, necessidade e doença.

*Pensamentos positivos levam alma
e corpo a um campo de vibração mais
elevado — Vencer os pensamentos
é vencer a vida*

Por esta razão, vencer os pensamentos significa vencer a vida. Isso significa: Pensar corretamente é viver corretamente! Quem não prestar atenção ao seu mundo de pensamentos e não vence sobre si mesmo cairá sob o poder sugestivo do seu meio ambiente, pois pensamentos e ideias sempre surgem também sob a influência da atmosfera criada pelos nossos semelhantes. Enquanto ainda não aprendemos a nos proteger dos nossos próprios pensamentos, os pensamentos e as ideias dos outros podem penetrar na nossa consciência e tentar nos dirigir. São exatamente esses pensamentos, se os movermos em nós, que podem ter efeito, causando doenças mentais e físicas.

Temos que chegar à concretização de que todos os sentimentos e pensamentos despertam processos no cérebro que então continuam afetando todas as células e órgãos. Cada célula individual possui uma célula-consciência. Podemos, por exemplo, despertá-la através da transmissão de ondas de pensamento de boa saúde, estimulando, assim, a sua função positiva. Assim como cada célula possui uma célula-consciência, os nervos também têm uma consciência-nervo; os órgãos interiores têm a sua própria consciência-órgão e nossas glândulas e hormônios também têm a sua própria consciência. Podemos influenciar todo o nosso corpo por meio de pensamentos. Quanto mais positivos são os nossos pensamentos e sentimentos, tanto mais pura é a nossa alma e também o nosso corpo. Com isso, alcançamos um campo de vibração mais elevado que nos facilita rodear-nos a nós mesmos com pensamentos mais elevados, positivos e mais nobres.

Nada acontece por si só. Temos que fazer um esforço e fazer da nossa vida o correto. Temos que remodelar a nossa vida para que ela se torne rica em sabedoria e força. Isso significa: viver conscientemente! As elevadas energias, então, transformam as energias baixas, aquilo que se adera a nós, na maior parte ainda despercebidas, e iremos viver uma vida preenchida. Iremos viver todos os dias, todas as horas e todos os minutos conscientemente e vivenciar isso como algo que nos traz felicidade, porque assim, colhemos energias positivas. Estas tornam a nossa vida rica e, portanto, que apraz a Deus.

*Como removemos pensamentos
negativos da nossa consciência?
Suportes de consciência*

A pesar de todos os nossos esforços, é possível que continuemos sendo atormentados pelos mesmos pensamentos baixos, que ainda não conseguimos remover da nossa consciência e que sempre voltam. Então, devemos nos perguntar se ainda existem pensamentos irreconciliáveis em nós e se já pedimos perdão ao nosso próximo. Se sim, então temos que nos questionar ainda mais:

Será que fizemos isso com a intenção sincera de deixar o passado completamente ou ainda estamos guardando algo dentro de nós? Talvez ainda desejamos conseguir isso ou aquilo? Talvez ainda temos um traço de inveja do nosso próximo? Talvez ainda desejamos forçar algo ou despertar compaixão, por que queremos nos ver no papel de sofredor ou de desfavorecido?

Se, portanto, por amor próprio, guardamos até um traço de um pensamento negativo, esse pensamento nos atormentará. Quanto mais pensamos nele, tanto mais formamos um novo campo de energia. A sua influência sobre nós aumentará, e teremos de admitir que o nosso pedido de perdão ou o nosso aparente ato de perdoar não teve efeito. A culpa é nossa, porque não deixamos tudo de lado, pois guardamos traços de pensamentos negativos, com os quais, no final das contas, apenas queríamos nos engrandecer. Ampliamos esses traços com os nossos pensamentos e permitimos que eles se desenvolvessem num novo complexo que novamente nos influencia, como antes.

No entanto, se desejamos purificar esse pequeno traço que ainda está em nós, descartá-lo completamente, podemos usar um suporte de consciência como: "Eu posso fazer tudo através da força de Cristo em mim".

Se repetirmos esse suporte de consciência várias vezes ao dia, inclusive quando nos deitarmos para descansar e depois de acordar, antes de nos levantarmos, atingimos um nível mais alto de vibração espiritual e física, e conseguimos nos distanciar cada vez mais desses pensamentos, do traço que queria nos influenciar.

Este suporte de consciência: "Eu posso fazer tudo através da força de Cristo em mim" deve ser falado com um sentimento de segurança, de calma e de confiança. Então, de acordo com a devoção com que nos voltamos ao Espírito de Cristo, recebemos a força que precisamos para superar o que ainda está pendente.

Os nossos pensamentos positivos abrem a fonte de força em nós

Tudo o que imaginamos tem um efeito direto no nosso corpo. Quando pensamos "estou cansado", por exemplo, os nervos e os músculos registram isso e transformam esse impulso em cansaço perceptível. Se pensarmos "estou doente", isso será registrado pelos nossos órgãos fracos e as correspondências em nossa alma. Assim, nós mesmos convertemos esses pensamentos em doença.

Devemos estar em alerta constantemente e se esforçar para opor nossos próprios pensamentos negativos com pensamentos positivos, pensamentos de confiança e coragem. Então, o Espírito eterno em nós se torna vivo. Receberemos mais e mais energia espiritual e física. Se o nosso espírito humano está atento, sintonizado positivamente e concentrado numa coisa, então a nossa atividade é sustentada.

Deus é a fonte de toda a força, a força do átomo, a força da eletricidade, a força da nossa alma e do nosso corpo. Toda a força vem do interior, do nosso Deus Criador, o Espírito Todo-Poderoso. Ele revigora os que estão cansados, fortalece os doentes e cura o seu sofrimento de acordo com a sua orientação a Ele, de acordo com o seu modo de pensar e de viver.

Todo o bom, puro e nobre, todas as energias positivas vêm das profundezas da nossa alma, do núcleo do ser incorruptível, de Deus.

Quando vivemos com o divino, quando vivemos em harmonia com todas as energias, a nossa força criativa é mantida — de fato, ela aumenta crescentemente. Mas se quebramos o contato, pensando e reagindo de forma humana, semeando ódio, inveja e discórdia, nutrindo pensamentos ciumentos, perdemos tanto a energia espiritual como física.

Um aparelho elétrico funciona enquanto estiver conectado a um circuito elétrico. Se o circuito é quebrado, ele deixa de funcionar.

Algo semelhante ocorre numa pessoa. Se agirmos constantemente contra as leis universais, contra a força da vida, deixando de colocar a nossa vida conscientemente sob o cuidado do Espírito, e não vivendo de maneira disciplinada, então as energias espirituais na alma e no corpo físico irão diminuir. Sendo que as energias se retiram, os órgãos enfraquecem e, portanto, tornam-se susceptíveis a doenças. Isso significa que a pessoa fica pobre de energia; o seu nível de vibração diminui. E assim, ela se encontra em zonas de perigo onde, de acordo com a sua condição de vibração, ela absorve vírus e bactérias nocivas.

Se o nosso espírito humano está limpo de sentimentos e pensamentos negativos, funciona melhor e tem mais energia à sua disposição do que um espírito carregado de pensamentos mesquinhos e pessimistas.

Deveríamos realizar o seguinte teste — vale a pena fazer: Nas próximas 24 horas, vamos pensar e falar de maneira positiva e esperançosa sobre tudo: sobre o nosso trabalho, a nossa saúde e o nosso futuro. No início, isso não será fácil, especialmente se, até agora, estávamos fixados em sentir, pensar e falar de maneira negativa.

Devemos nos livrar disso, mesmo que exija um intenso esforço de vontade. As energias positivas que abordamos se apressarão imediatamente em nos ajudar. Somente assim, alcançamos a paz e podemos receber cada vez mais da corrente sagrada, de Deus.

A fonte primordial de energia doa incansavelmente força positiva e revigorante. Ela nutre todas as pessoas, todas as coisas, todas as formas de vida.

No entanto, muitas pessoas abusam das energias positivas e, com os seus sentimentos, pensamentos e atos contra a lei, essas forças são transformadas, levadas para uma vibração mais baixa, ou seja, transformadas para baixo. Deus permite que isso aconteça, pois devemos encontrar o caminho de volta à vontade de Deus, à energia primordial mais pura e divina, através da nossa própria vontade, dos nossos atos humanos.

Todavia, se nos abrirmos à corrente eterna, a Deus, abordando as forças positivas em sentimentos e pensamentos, em palavras e atos, estas virão até nós e servem a nossa alma e o nosso corpo.

Se queremos nos tornar saudáveis e estimular a cura do corpo através do Espírito, devemos reconhecer as seguintes leis da vida: As forças negativas transformadas para baixo têm um efeito perturbador na alma e no corpo. As forças positivas, as forças puras de Deus, fortalecem a alma e o corpo e estimulam a saúde, para que a cura tenha efeito desde o interior até o exterior, através da força divina em nós.

Isso significa que devemos primeiro nos abrir para as forças positivas vencendo as nossas energias negativas — os nossos sentimentos, pensamentos e palavras humanas — e os opor com pensamentos, palavras e atos positivos, afirmativos e construtivos. Então, nos tornaremos num recipiente para a força positiva, que também é a força de cura e da vida.

Portanto, antes de despertarmos as forças interiores, devemos eliminar o nosso próprio pensar negativo, de fato, cada pensamento que nos lembra de uma doença. Isso é necessário porque pensamentos causam doenças novamente, ou retêm a doença no corpo.

O mesmo vale para qualquer outra dificuldade, para cada problema, cada indisposição, cada golpe do destino. Se falarmos sobre as coisas que nos carregam no momento, iremos mantê-las e até aumentá-las.

Pensamentos são forças. Quanto mais frequentemente pensamos um pensamento, tanto maior é o poder desse pensamento, ou complexo de pensamentos, sobre nós.

Por mais difícil que seja, quando sentimos dor, devemos reconhecer que, através da força do pensamento positivo, podemos neutralizar muita coisa ou podemos nos preparar para as forças curativas. Ousemos considerar a nossa dor, as nossas doenças, dificuldades ou problemas como resultados de legitimidades espirituais! Ousemos ter confiança no poder e na força do Espírito que tudo pode, então iremos experimentar que a força de Deus está aqui, que alivia e cura, que nos apoia e guia.

Preparação para o influxo
das forças curativas

Para nos tornar receptivos à atuação cósmica, às forças de cura e da vida, devemos conscientizarmo-nos de que a essência do infinito está em nós. Em nós atua um poder que é indescritível e incompreensível. É o poder central do amor, a força e a salvação de Deus.

Só somos fracos, humanos e sem força quando afirmamos a nossa fraqueza, a nossa falta de força e a nossa existência humana. No entanto, quando confiamos no mais alto poder em nós, na plenitude do infinito, quando afirmamos a nossa filiação em Deus e a Consciência-Pai-Mãe em nós, a mais elevada energia do amor, quando as afirmamos em pensamentos, palavras e atos, e agimos de acordo com isso, então nos tornamos fortes e poderosos. O que marca o corpo, as nossas dificuldades momentâneas, irá desaparecer aos poucos. Em vez de doença, haverá saúde; em vez de dificuldades e problemas, haverá liberdade; em vez de egoísmo, altruísmo, em vez de amor próprio, o amor a Deus.

Devemos ter reverência perante esse poder mais elevado em nós. Essa reverência também se mostra exteriormente, na nossa postura. Uma postura ereta evidencia um espírito reto. Assim, devemos nos esforçar no exterior, para que o interior possa avançar mais fácil e rapidamente, mas não para apresentar-se exteriormente com algo que não existe no interior.

Para nos tornarmos receptivos à atuação das forças cósmicas, às forças da cura e da vida, devemos escolher uma postura que facilite o influxo das forças de Deus o mais desimpedido possível. Portanto, ou assumimos uma posição sentada ereta, ou nos deitamos de costas. Então nos preparamos em pensamentos, isto é, enviamos ondas de pensamentos. Por exemplo: "A saúde está em mim"; "A plenitude de Deus está em mim"; "Eu sou consciência cósmica." Com isso, nos cercamos de uma aura de confiança que, por sua vez, ajuda a orientar positivamente toda a pessoa, a abri-la para as forças da vida.

Quando desejamos abordar a consciência de um órgão, por exemplo, um fígado defeituoso, podemos fortalecer a eficácia das nossas vibrações de pensamento positivos, colocando a mão direita na área do fígado.

A razão para isso é a seguinte: Todo ser humano é um corpo energético. Ele recebe energia e emite energia. A partir das revelações, sabemos que a mão esquerda é um receptor, como uma antena, que recebe e transmite as forças cósmicas. Embora a mão direita também seja um receptor, ela principalmente emite energia. Se colocarmos a palma da mão direita, que emite energia mais intensamente, na parte correspondente do corpo, e usarmos a mão esquerda como antena, posicionando-a em direção ao cosmos, então a energia cósmica flui através de nós muito mais rapidamente. Dessa maneira, a força de Cristo que atua dentro de nós promove o processo de aliviar e curar, acima de tudo, na alma.

Na preparação para a cura real através das forças de vida cósmicas, abordamos a nossa consciência do fígado, apoiada pela imposição da mão direita — conforme descrito — usando as seguintes palavras ou palavras análogas: "Meu fígado, desperta do seu sono e executa fielmente a função atribuída a você! Elimine sua bílis em quantidade suficiente e cumpra a função que o Todo-Poderoso lhe deu: Livre o corpo do veneno, para que ele permaneça capaz de funcionar!"

Ao nosso estômago, podemos dizer o seguinte: "Consciência da digestão, desperte e cumpra com os deveres que lhe foram dados. Recentemente, você negligenciou as suas tarefas como um órgão importante. A partir de agora, seja confiável, cumpra o seu dever. Afirmo também em você as forças positivas e prevalecentes e tenho certeza de que você cumprirá com alegria a função que lhe foi concedida pelo Deus Criador, a fim de contribuir para a manutenção e a saúde de todo o corpo."

Se sabemos e acreditamos que tudo é energia, que todas as células têm a força espiritual em si e que tudo o que vive, vive a partir de, e através de, Deus — através da energia primordial, Deus — então também nos é possível carregar essas energias com forças positivas. Também nos é possível intensificar as energias em todas as células do nosso organismo e, especialmente, na nossa alma, para que estas se tornem mais ativas e possam influir nas possíveis negatividades existentes, como doenças ou indisposições, transformando-as ao positivo.

No entanto, podemos fazer a mesma coisa num sentido negativo. Podemos transformar para baixo as forças positivas presentes em nós através de pensamentos baixos, através da aceitação de doenças, fatalidade, necessidade, desesperança e coisas semelhantes a tal ponto que o nosso corpo se torna cada vez mais fraco. Do ponto de vista espiritual, isso significa que o núcleo do ser na nossa alma, o potencial energético pelo qual as forças divinas fluem para dentro de nós, se torna menos ativo e é capaz de atrair cada vez menos energia do Espírito. Além disso, isso significa que a alma recebe cada vez menos energia de vida e o corpo físico, ainda menos. Órgãos enfraquecidos tornam-se suscetíveis a doenças, porque lhes falta a força de vida, isto é, a energia de Deus.

Portanto, podemos estimular a atividade da consciência do órgão e preparar o órgão para a força interior de cura e de vida através de pensamentos e palavras positivos e despertadores. A duração da preparação depende da carga da alma e se o nosso mundo de sentimentos e sensações está em harmonia, ou seja, sintonizado com os nossos pensamentos e palavras positivos. Se um órgão já estiver bastante enfraquecido, a princípio absorverá hesitantemente as forças positivas, as forças de vida e de cura. Mas não devemos começar a duvidar e nos tornar negligentes quando o sucesso não é imediatamente aparente.

Depois de irradiar o órgão por cerca de cinco a dez minutos, ou seja, prepará-lo, devemos também afirmar que este despertou, como por exemplo, a consciência do fígado:

"Você agora acordou do seu sono. Eu te agradeço por ter-se preparado para receber as ondas de cura".

Podemos falar vibrações de elogio ao estômago:

"Você, minha consciência do estômago, está acordado agora. Eu deposito a minha confiança em você. Você está diligentemente ativo novamente. O estômago secretará corretamente os sucos gástricos; o intestino começará a funcionar corretamente novamente; o processo digestivo e o fornecimento de nutrientes funcionarão perfeitamente. Agradeço a consciência deste órgão".

O órgão não entende as nossas palavras, mas os tecidos celulares absorvem as vibrações positivas transmitidas e envolvem-se com elas.

Podemos abordar todos os órgãos de maneira semelhante, pois tudo é energia, tudo é vida. Através de sentimentos, sensações, pensamentos e palavras positivos, podemos despertar toda a vida para uma atividade mais forte. E assim, primeiro despertamos o órgão adormecido e depois agradecemos por despertar e deixar-se preparar para os raios curativos do Espírito.

Após esse despertar concentrado e positivo da consciência do orgão, pedimos as forças de cura intensificadas do Médico e Curador Interior. Em confiança e quietude, e sem aceitar uma única sensação ou pensamento, agora nos abrimos totalmente para as forças do Espírito de Cristo, deixando que as ondas curativas fluam para dentro da nossa alma e do nosso corpo.

Confiança e certeza efetuam
a cura, a dúvida, o oposto

Ao abordar os órgãos como acabamos de descrever, é preciso ter constantemente em mente que os nossos pensamentos e palavras de preparação não são dirigidos ao próprio órgão físico, mas à sua consciência, ao Espírito, que é ativo em todas as células e guia a função do órgão. As palavras que repetimos devem ser ditas de forma clara e com força. Isso pressupõe uma profunda confiança no Eterno, para que os nossos sentimentos estejam de acordo com os nossos pensamentos e palavras. Portanto, devemos ser completamente permeados pelo que pensamos e dizemos. Esta é a nossa fé e confiança em Deus, a força de cura em nós.

Quando agradecemos ao nosso corpo ou órgão, temos que estar cientes de que não estamos agradecendo diretamente ao órgão, ou seja, ao corpo, mas sim, novamente, ao Espírito, que está ativo em todas as células, em todos os órgãos, no organismo inteiro, o Espírito que é a vida real, a vida da alma e do corpo.

Não devemos pensar que a repetição de sentimentos, pensamentos e palavras positivos seja supérflua, pois a consciência das células compreende as frases de invocação. Temos de entender que não são os pensamentos em si que são eficazes, mas as vibrações por trás dos pensamentos e das palavras. É a afirmação de nossa fé e a confiança que expressamos em pensamentos e palavras.

Se a pessoa que busca a cura apenas recita as palavras, mas se sente duvidosa por dentro, a consciência celular e o sistema celular absorvem apenas as vibrações da dúvida, isto é, o que está vibrando por trás das palavras — os nossos sentimentos e sensações, sejam estes confiança e esperança ou dúvida e desconfiança. Não alcançaremos a cura com a dúvida e desconfiança; pelo contrário. Poderíamos deixar o nosso corpo ainda mais doente, ou seja, com as vibrações da dúvida podemos transformá-lo para baixo, e trazê-lo para um campo de vibração que é receptivo aos germes de doença que vibram nessa frequência.

Que seja sempre de novo salientado aqui que os pensamentos são forças poderosas. Poucos sabem do poder tremendo que os pensamentos concentrados têm sobre as pessoas. Pensamentos positivos, como tambem negativos, ganham poder sobre nós, quanto mais frequentemente pensamos os mesmos pensamentos ou pensamentos semelhantes. Através disto, criamos um poderoso complexo de pensamento, que paira perto de nós como um satélite. Se pensarmos apenas um pensamento no mesmo nível vibratório que esse complexo de pensamentos, o complexo começa a trabalhar mais intensamente e a nos influenciar. E assim, nós somos o que pensamos; a nossa alma está moldada e o nosso corpo marcado por isto.

Os pensamentos negativos existem como complexos de pensamento na atmosfera e ao nosso redor. O negativo que projetamos no éter também está presente como uma correspondência em nós. Assim, por exemplo, através de um único pensamento que nos chega de fora, podemos estabelecer uma linha de comunicação entre as nossas correspondências e o âmbito dos pensamentos em que coisas iguais ou parecidas estão vibrando.

Portanto, devemos estar em alerta e viver constantemente no autocontrole, e monitorando a nós mesmos: "O que estou sentindo, pensando e falando? Isto é o que volta para mim".

Também podemos usar as forças positivas de cura e de vida em nossa família. Podemos enviar ondas de pensamento positivas ao nosso próximo ou a um membro da família e, por meio da sua alma, preparar o seu corpo para receber as ondas curativas do Espírito. Se o nosso próximo é aberto e se sintoniza com estas, as forças positivas entram em vigor mais rapidamente, porque aquele a quem essas forças foram pensadas ou faladas está preparado para receber.

Cristo, o Médico e Curador Interior da nossa alma

A força espiritual, a força curativa, pela qual pedimos neste processo, é o Médico e Curador Interior. É a força de Cristo trabalhando em nós. Esta força pode se desdobrar no nosso corpo e dissolver as sombras presentes ali.

A força de Cristo pode se tornar efetiva somente se submetermos os nossos pensamentos de cura inteiramente à força de Cristo. Devemos estar preenchidos de amor por Aquele que conhece apenas saúde, que está longe de toda doença e aflição.

Devemos banir o conceito de "estar doente" dos nossos pensamentos e do nosso vocabulário — então as ondas de cura espiritual cumprirão aquilo pelo qual estamos pedindo. Essas ondas de cura fazem com que a nossa alma e organismo atinjam uma vibração mais elevada, na qual a cura para a nossa alma pode ocorrer através do Médico e Curador Interior. Se for bom para a nossa a alma, então através da alma, a cura também ocorrerá no nosso corpo.

No entanto, o Médico e Curador Interior, Cristo, a Quem nos dirigimos, é o Curador de nossa alma. Se a alma é sã, ela também transmite as forças curativas, positivas, para o nosso organismo.

Para que o Espírito de Cristo seja cada vez mais eficaz em nós, precisamos primeiro nos esforçar para viver em harmonia na nossa vida diária.

Relaxamento e quietude
em vez de tensão, nervosismo
e crispação

Na quietude, a força é dada; a cura da nossa alma e corpo é cumprida. É por isso que devemos primeiro nos tornar silenciosos, para que as ondas espirituais curativas possam se tornar eficazes.

Quando temos que lutar pela calma interior, não devemos andar para cima e para baixo na sala, nem cerrar os punhos e cerrar os dentes. Devemos intoduzir ao nosso ânimo pensamentos calmos. O corpo reage imediatamente à maneira como nos movemos e aos pensamentos que estão dominando o nosso espírito humano no momento.

O contrário também é fato: Podemos acalmar o nosso espírito humano se primeiro acalmarmos o corpo, pensando de forma positiva e harmoniosa para dentro de nós, ou falando palavras positivas e harmoniosas ao nosso interior. Uma certa postura corporal também pode apoiar um estado de espírito correspondente. Quando estamos nervosos, devemos sentar-nos eretos, colocar as costas de ambas as mãos no colo, respirar consciente e calmamente, e lenta e silenciosamente abordar o nosso ser interior. Esses pequenos exercícios ajudam a acalmar e preparar o corpo. Somente quando sentimos, pensamos e nos movemos com calma e harmonia, é que a força de cura pode ter efeito tanto sobre nós como em nós.

Imaginemos que o nosso ânimo seja a superfície de um lago agitado por uma tempestade furiosa. Imaginemos como de repente o vento diminui e as ondas diminuem, até o lago ficar calmo e liso como um espelho. Dessa maneira, usando essas associações de pensamento, também podemos acalmar a nossa disposição. A tensão e a inquietação interior se dissolvem.

Temos que prestar atenção especial à consciência nervosa. Essa "árvore da vida" numa pessoa é decisiva para a saúde ou doença. Se estamos nervosos, então os nossos nervos estão sobrecarregados ou existe uma causa anterior que também pode ser determinada pelo nosso carma. No caso de tensão ou inquietação nervosa, apesar dos nossos sentimentos e pensamentos curativos, não podemos fazer fluir mais fortemente a força de Cristo, pois ela é capaz de fluir para o nosso corpo apenas através de uma consciência relaxada dos nervos.

E assim, todo tipo de tensão é ruim, não importa de onde vem, seja por pensamentos errados ou por estresse. Se nosso sistema nervoso está em desarmonia, não é possível que a força eterna, harmoniosa e harmonizadora nos conceda ajuda, alívio e cura, de acordo com a vontade divina.

Se uma pessoa agora quer recorrer às forças do Espírito e dar-lhes predominância na sua vida, é importante que saiba que isso não pode acontecer de noite ao dia. Nem a alma, nem a pessoa podem se desprender em pouco tempo de conceitos e hábitos antigos, profundamente enraizados e gravados.

Nós precisamos de um médico?
Um bom médico combina tratamento
médico e espiritual

uitos que estão começando a incluir as forças cósmicas interiores na sua vida perguntam: Por que precisamos de médicos se a força para a saúde absoluta está em nós?

Nos tempos atuais, os médicos são necessários para a maioria dos nossos semelhantes, porque nem todos podem mudar de um dia para o outro e desenvolver o tipo de fé viva que pode, como Jesus disse, "mover montanhas". Aplicado à cura, isso significa: para aquele que é capaz de desenvolver tais forças, então estas forças curativas de Cristo são capazes de absorver toda indisposição de um dia para o outro.

O fator decisivo é o estado de consciência do indivíduo. Enquanto continuarmos a nos identificar com o nosso corpo, afirmando assim os nossos males, nós os manteremos ou criaremos novos. No entanto, se tomarmos consciência da nossa filiação a Deus, vivenciamos que não estamos mais sujeitos a todos os atos temporais do destino.

Deus é absoluto. Ele é perfeito e criou apenas seres perfeitos, isto é, filhos perfeitos.

Portanto, quando estamos doentes, quando sofremos dificuldades e golpes do destino, não é Deus quem é o autor desses males. Nós mesmos os causamos através do nosso comportamento errado e negativo em nossos sentimentos, pensamentos, palavras e atos.

Se queremos desenvolver uma fé viva, uma fé que nos penetra completamente, devemos estar livres de fortes dores. Devemos consultar um médico que nos ajude a fortalecer a nossa fé no poder interior, em Cristo, e que também nos ajude a desenvolver pensamentos positivos.

Uma vez que o nosso sistema nervoso entre em harmonia com a medicação correspondente, especialmente remédios e métodos naturais de cura, uma vez que a nossa dor se torne suportável e o nosso corpo mais vital, podemos começar a desenvolver as energias positivas e fortalecer a nossa fé e confiança em Cristo.

E assim, quando o médico ajuda do exterior e a pessoa se conecta com Cristo e desenvolve energias positivas, para que energias positivas fluam desde o interior, então o que é de acordo com a lei pode acontecer em nós. O paciente não trabalha mais contra o médico, perguntando-se ansiosamente se o médico pode ajudá-lo, se o medicamento ajuda e se ele melhorará. Médico e paciente trabalham juntos para alcançar a saúde e a estabilidade do corpo.

Se o paciente estiver num estado de ânimo positivo, ele atribuirá aos medicamentos o efeito correspondente de cura, abrindo-se, assim, às forças positivas.

A boa saúde resultará quando estivermos maiormente em conformidade com as forças cósmicas. Mas o que deve ser feito quando, mais cedo ou mais tarde, outra carga da alma tiver que fluir, ou seja, quando uma pessoa adoecer por ter violado as leis de Deus numa vida anterior e a causa entrar em vigor somente agora? Onde se encontra um médico experiente, capaz de combinar um tratamento médico e espiritual?

Devemos sempre primeiro recorrer a Aquele que sabe todas as coisas, mesmo, por exemplo, quando precisamos decidir se vamos a um médico ou um hospital. Quem orar sinceramente e entrar em meditação repetidas vezes, a fim de tornar-se silencioso e obter orientação, também receberá.

Assim, pensamentos prestáveis podem vir a nós, especialmente durante períodos de quietude, oração ou meditação, e nos mostram o próximo passo — e com isso, muitas vezes, isto decide o curso da doença. Se nós apenas os utilizássemos, que ajuda estes poderiam ser para nós!

Assim que se sentem mal, muitas pessoas consultam um médico para saber se o coração, estômago, pulmões ou algum outro órgão está bom. Com isso, pode-se reconhecer que a pessoa ainda não é capaz de ativar aos forças de cura que estão adormecidas nela. O medo de possivelmente estar doente é o que leva muitas pessoas a realmente ficarem doentes. Se o paciente ouvir do médico que seus pulmões ou fígado não estão em ordem, ele começa a se preocupar com isso. O resultado é que a condição dos pulmões ou do fígado fica ainda pior, porque a vibração desses sistemas celulares é transformada para baixo através de pensamentos errados, preocupações e medos.

A vida dos nossos pensamentos, a consciência da pessoa, tem uma enorme influência no organismo. Quem procura conselho e tratamento médico deve primeiro se preparar espiritualmente através da oração e meditação.

Seria tolice procurar um médico apenas para então começar a se preocupar com partes do corpo que podem talvez estar fracas. Muitos bons médicos sabem sobre a força dos pensamentos. Eles sabem que, em muitos casos, os pacientes começam a definhar-se assim que são informados sobre a doença que têm. Até a pessoa mais valente geralmente perde coragem quando descobre que tem câncer. Por esse motivo, o médico deve ter muito cuidado ao declarar o seu diagnóstico e tentar despertar a esperança na pessoa, não apenas na espera de que os "seus" medicamentos e os equipamentos médicos sejam eficazes, mas sim a esperança na força que existe na própria pessoa, a esperança no sistema de autocura que existe em cada corpo.

Se temos fé suficiente em Deus, não precisamos saber o nome da doença. Frequentemente, a ansiedade em nós é intensificada quando conhecemos os detalhes das nossas doenças físicas. Agitação e preocupação apenas pioram a nossa condição. Tais medos especificados nos atam à doença.

Aquele que consegue entregar-se confiante nas mãos de Deus e num bom médico ou naturopata sem necessariamente querer saber o nome da sua doença confere uma grande bênção à sua alma.

A cura através do Espírito
sem medicamentos nem
substâncias vegetais é possível

A cura sem medicamentos nem substâncias vegetais é possível através do Espírito de Deus.

Aquele que se abre ao poder todo-eficaz, que também é a força de cura, pode ser irradiado por este numa medida crescente e gradualmente se torna livre de todos os remédios e medicamentos. Mas, como tal desenvolvimento não ocorre de um dia para o outro, a pessoa não pode se prescindir dos remédios de um dia ao outro, que possivelmente está acostumado a tomar por um longo tempo.

No entanto, podemos mudar gradualmente de medicamentos farmacêuticos para remédios naturais. Ao fazê-lo, o organismo se adapta lentamente. Esse processo, no entanto, deve ser realizado por um médico ou praticante natural. Aqui, também a atitude e a orientação dos nossos pensamentos são decisivas.

Devemos transmitir ondas de pensamento positivas a nossos corpos, ondas que acendem e fortalecem a luz que é eficaz em nós, a luz de Cristo, e fazê-la brilhar. Assim, a mudança de medicamentos alopáticos para remédios naturais deve ocorrer paralelamente ao nosso pensamento positivo.

Não é possível para todas as pessoas assumirem uma atitude completamente positiva de um dia para o outro. Ao mudar de pensamentos negativos, pessimistas e duvidosos para pensamentos positivos, construtivos e afirmativos, experimentamos flutuações maiores ou menores como as numa doença que produz sintomas e resultados diferentes todos os dias, ou como numa mudança de remédios alopáticos para naturais.

Devemos sempre de novo nos conscientizarmos de que tudo se baseia na vibração. Nós somos, ou nos tornamos, naquilo que pensamos. Irradiamos tudo o que pensamos, aumentando-o positivamente ou envenenando-o através dos nossos próprios pensamentos negativos, cheios de ódio e de dúvidas, através de raiva e aversão.

Tais aspectos negativos também podem bloquear completamente a eficácia do medicamento e, assim, piorar a doença. Portanto, com os nossos pensamentos, somos capazes de influenciar os remédios que tomamos, tanto os químicos quanto mais ainda os remédios naturais.

Aquele que se liberta dos sentimentos negativos por meio da oração, da meditação cristã ou esforçando-se a opor os pensamentos negativos com positivos, gradualmente se liberta dos seus sentimentos e pensamentos baixos e aproxima-se da Toda-harmonia. Ao fazer isso, ele libera cada vez mais energia divina, que leva o medicamento ao nível vibratório que lhe permite aliviar e curar.

Um remédio de cura não é, como geralmente se supõe, uma substância que apenas produz uma reação específica, por exemplo, uma reação química. É, antes de tudo, um complexo de pensamentos que produz muitos efeitos diferentes, porque muitos tipos diferentes de vibrações se apegam a este, dependendo da consciência do criador, do fabricante, do médico que o prescreve e, finalmente, do paciente que o toma. Cada uma dessas vibrações encontra expressão no remédio de cura e produz efeito no nosso corpo, que é receptivo a ela. Se tomarmos, por exemplo, remédios homeopáticos de alta potência, todos os pensamentos, isto é, todas as várias influências de consciência que fazem parte da produção, comercialização e distribuição do remédio para o paciente, são ampliadas de forma correspondente. Sabe-se que altas potências também têm efeito no nosso corpo espiritual, a alma. Isso significa que a alma absorve as influências de consciência ampliadas ou intensificadas e é infectada por elas, se os mesmos complexos vibratórios iguais ou semelhantes, ou seja, analogias, estiverem presentes nela.

É por isso que é aconselhável irradiar o medicamento com a nossa consciência preparada, para que possa ser eficaz para o órgão em questão. Devemos reconhecer que a eficácia de todas as substâncias é relativa. Assim, em muitos casos, o medicamento pode se tornar verdadeiramente eficaz somente quando o paciente dirige pensamentos de afirmação ao medicamento, e acredita na sua eficácia. Quem quer conceder a eficácia correta e legítima ao medicamento deve primeiro melhorar o seu mundo de sentimentos e pensamentos, isto é, dar-lhe uma orientação positiva. Todos os medicamentos, químicos ou fitoterápicos, podem ser irradiados positiva ou negativamente pelo paciente.

E assim, se tivermos que tomar um remédio, devemos confiar a Deus este remédio, este complexo vibratório, e pedir a Ele que flua atravéz do remédio em concordância, para que este tenha o resultado desejado sem efeitos colaterais. No entanto, também devemos mudar a nossa maneira de pensar, a nossa atitude e, assim, moldar as nossas vidas de maneira positiva.

Se mudarmos a nossa atitude interior, o remédio também pode funcionar positivamente. Se levarmos uma vida pura, o Eterno, para quem todas as coisas são possíveis, pode neutralizar as substâncias nocivas através de nós, através da nossa orientação positiva e, através do medicamento, pode levar a frequência de vibração correspondente à consciência do órgão que sofre. Isso ocorre de acordo com a maneira como pensamos e vivemos. Assim como mudamos a nós mesmos, a frequência de vibração também muda no corpo e na alma.

A eficácia da matéria, isto é, do medicamento, corresponde ao estado da consciência humana. Quanto mais este estiver orientado ao mundo material, mais remédios precisará para curar as doenças. Mas se a nossa consciência é desperta para a verdade, então a verdade, o Espírito, é eficaz em nós e nos cura. Isso não significa que não devemos, ao mesmo tempo, tomar um remédio natural para apoiar o nosso corpo, especialmente no caso de uma grave debilidade de nervos.

O medo atrai desastres —
A irradiação nuclear aumentará

as como está o nosso mundo?

Até agora, eu falei sobre tomar remédios. Se acompanharmos os eventos e ocorrências em nosso mundo, os testes nucleares, os acidentes com reatores nucleares, as armas nucleares e o armazenamento de resíduos nucleares, temos de reconhecer que a radioatividade aumentará com o passar do tempo. Não apenas acidentes dentro e ao redor de reatores nucleares liberam radioatividade, mas todas as usinas nucleares, mesmo as "seguras", emitem radioatividade continuamente. As armas nucleares e os resíduos nucleares também são fontes de radioatividade, portanto não é apenas o teste nuclear que libera a radioatividade.

Sabemos que nenhuma energia é perdida; isso também se aplica à radioatividade liberada. Os nossos pensamentos de temor e desesperança intensificam essa energia e a tornam ainda mais perigosa do que já é. Através dos nossos medos e preocupações com mais catástrofes nucleares, as atraímos — e estas acontecem.

Quem pode tirar do ser humano os pensamentos de medo por seu corpo? Quem pode tirar do ser humano o pensamento temeroso e preocupante de que mais desastres possam ocorrer e mais reatores nucleares possam desenvolver um vazamento? As pessoas emitem os seus pensamentos. Sendo que os pensamentos são forças, eles inevitavelmente causam exatamente o que a pessoa não quer, do que tem medo e, portanto, do que fala. Pois ela pensa nesse perigo; ela fala sobre isso e, assim, cai num estado de expectativa de que o que ela teme possa acontecer. Com isso, ela libera energias que então atingem o seu objetivo, entrando em vigor nos locais correspondentes e gradualmente provocando o que se temia. A pessoa não quer isso, mas através de seus pensamentos e palavras, ela o "desperta". Ao abordar o aspecto negativo, ela questiona o aspecto positivo. Ela dirige os seus pensamentos para a fonte do perigo, contribuindo assim para que aconteça o que havia sido apenas uma possibilidade, mas não estava em efeito. Portanto, ela faz com que entrem em efeito coisas que eram uma mera possibilidade, porque os seus pensamentos trabalham nos lugares que ela ve como fontes de perigo, por exemplo, usinas nucleares, arsenais, lixões ou autoridades que apoiam o uso da energia nuclear.

O ser humano colherá o que semeia em pensamentos, palavras e atos. De uma forma ou outra, ele colherá a perigosa radioatividade que é liberada por acidentes, irradiação, testes ou guerra nuclear.

A radioatividade é o veneno invisível e rastejante, a morte invisível que muda a atmosfera e, em alguns lugares, a rasga. A irradiação nuclear é a morte invisível e rastejante no mundo animal. Envenena a Terra com as suas plantas, ervas e frutos. Envenena as pessoas e pode causar sofrimento a longo prazo.

A humanidade vive do que a Terra produz. Se a Terra está contaminada pela irradiação, se cada planta, cada erva, cada fruta se tornou uma fonte negativa de irradiação, como o ser humano pode se nutrir? Ou ele come o que a natureza produz, ficando cada vez mais infectado com a irradiação nuclear, ou morre de fome. O mesmo vale para a nossa água potável, para as fontes subterrâneas, bem como para os oceanos.

O que ainda pode ser feito sobre isso? Onde está o resgate? Onde está a salvação?

O ser humano aprenderá e terá que vivenciar o que significa não ser mais capaz de consumir qualquer coisa que não emita irradiação negativa. Ele será mais ou menos forçado a aceitar o fato de que, por várias causas, a camada de ozônio na atmosfera está se rompendo, que a incidência de doenças de pele e queimaduras aumentará gradualmente e o chamado câncer de pele ocorrerá com mais frequência.

A *humanidade cósmica*

A atual raça humana entrará em declínio. Ela será substituída por seres humanos cuja irradiação foi alterada. É a humanidade cósmica, cuja irradiação está em cima da intensidade da irradiação desta Terra e dos seres humanos atuais. Essa metamorfose ocorrerá despercebidamente. O ser humano cósmico é mais refinado e puro na sua irradiação. Tais pessoas serão, em muitos casos, capazes de sobreviver porque estão a um nível de vibração mais alto do que o ser humano material até agora.

Das ruínas do pensamento, do esforço e ação humanos, o novo ser humano, a nova vida, surgirá como a fênix das cinzas. É a nova humanidade para a Nova Idade. Pessoas de irradiação mais fina e pura, pessoas que se orientam de forma cósmica e que aplicam as leis cósmicas — válidas para toda a natureza, para cada animal, para cada pedra, para cada estrela — possuirão a nova Terra, a Terra purificada.

As leis cósmicas são a vida em cada alma e em cada ser humano. É a lei eterna e universal que as pessoas cósmicas aplicam da maneira correta.

Assim como o ser humano cósmico se levanta das cinzas, da decadência humana, da mesma maneira, quase num desenvolvimento paralelo, toda a vegetação também muda. A atmosfera se torna cada vez mais permeável. Acima de tudo, a camada de ozônio ao redor da Terra que impede os raios ultravioletas do sol se torna cada vez mais fina. Como resultado, muito irá queimar. Os polos e oceanos serão aquecidos. As condições climáticas mudarão, alterando assim toda a estrutura do nosso planeta de residência. Ao longo do tempo, isso trará grandes mudanças na natureza, no reino animal, assim como no ser humano. Isso significa que quando a irradiação muda, a própria vida também muda.

Pessoas com orientação material perecerão como resultado de doenças, queimaduras, danos nucleares e muito mais. A natureza, contaminada pela radioatividade, passará por esse mesmo processo.

A partir dessa morte, uma vida mais pura, mais bela e abundante emergirá. Um nível mais alto de irradiação removerá a mais baixa vibração negativa. Quem está num estado mais elevado de irradiação subsistirá a muita coisa e possivelmente até sobreviverá, não obstante, depois de passar por alguns tremendos distúrbios que assolarão toda a Terra, a sua atmosfera e a atual raça humana.

Onde está o resgate? Onde está o salvador?

A salvação está em todo ser humano. É o Espírito de Deus, a irradiação mais elevada. Assim, o Salvador é o Espírito do nosso Pai eterno, que habita em cada alma, em cada ser humano, na pedra, na natureza e em cada animal.

*Temos de mudar o nosso modo de
pensar completamente e nos orientar
à irradiação mais elevada, a Deus*

Sendo que uma vibração elevada pode influir numa mais baixa, porém, inversamente, a baixa vibração não pode tocar ou influenciar a vibração mais elevada, então sabemos o que precisa ser feito. Com isso, quero dizer o seguinte: A vibração humana, tudo o que nós temos emitido e ainda emitimos que leva ao nosso caminho e à nossa aniquilação, é uma vibração negativa. Essa vibração jamais pode alcançar a irradiação divina e "contaminá-la" com todos os seus complexos negativos. A longo prazo, as forças negativas se destroem a si mesmas, porque o Espírito de Deus, a elevada irradiação, tambem irradia apenas o positivo em todas as vibrações negativas. Como se sabe, a vibração existe apenas quando dois polos estão ativos, quando os polos negativo e positivo interagem. Deus, a elevada irradiação, irradia apenas o positivo, a parte na vibração que mantém ambos os polos, positivo e negativo, em um estado de interação mútua. É a irradiação divina para as formas de vida materiais. Se a vibração destas diminui enquanto as forças positivas — a elevada irradiação, a elevada energia, Deus — continuam fluindo para estas, então uma tensão cada vez maior aumenta na matéria. O que é humano, o negativo, o egocentrismo, se distancia da elevada irradiação; é incapaz e não deseja se comunicar com as elevadas forças. Portanto, deve inevitavelmente chegar a um rompimento e, a longo prazo, a uma transformação.

Se, por meio de suas ações, as pessoas produzem cada vez mais energia negativa, isto é, energia baixa, orientada para a vida material e que também tem um efeito perturbador e destrutivo em todas as formas de vida materiais, então a tensão na matéria se torna sempre mais forte e não tem mais contato com a elevada irradiação. Isso significa que, no decorrer do tempo, uma expansão no sentido negativo tem que ocorrer e, a continuação, uma explosão na forma de erupção violenta. Isso envolverá um "deslocamento de massas", que, por sua vez, provocará uma mudança completa em e sobre a Terra.

Para impedir esse evento, todas as pessoas têm que mudar. Cada pessoa tem que gradualmente se ajustar à elevada irradiação, Deus. Ela mesma tem que se aproximar da irradiação divina e não pode esperar que Deus transforme a Sua irradiação para baixo, ou seja, que se aproxime dela com a Sua elevada irradiação. Para cada pessoa, isso significa uma mudança completa da sua maneira de pensar, o que também resulta em ações correspondentes.

*Cada indivíduo tem que
reconhecer a sua responsabilidade
e começar consigo mesmo*

Se uma pessoa deseja viver de maneira saudável, ela tem que ver e experimentar Deus em tudo. A pessoa tem que aplicar as leis cósmicas do amor altruísta, da paz e harmonia. Ela tem que ver a pureza, beleza, bondade e nobreza em todas as formas de vida e ter respeito por toda a vida. A pessoa não deve apenas falar sobre a vida, sobre Deus, dizendo isso ou aquilo tem que ser feito para atingir um mundo melhor — todos são chamados a começar consigo mesmo.

Se a pessoa aprende a mudar a sua maneira de pensar, pensando e vivendo conforme a lei, ela aumentará a sua irradiação. Ela dará uma forma divina à sua vida. Ela deixará de pensar de modo negativo e destrutivo, assim ampliando-o, senão que manterá a paz com o seu próximo, com a Terra e os reinos da natureza.

A paz só pode vir da própria pessoa, de todo indivíduo — desde que ele se esforce em pensar e viver desinteressadamente e ter respeito pela vida.

Cada pessoa tem um efeito determinante, não só na sua própria vida e na dos seus semelhantes, mas também na Terra e em tudo que a Terra produz. Portanto, cada um é responsável por si mesmo, pelo seu pensar e agir e, além disso, por todas as pessoas, pelo planeta Terra e a sua atmosfera.

Todavia, isso não significa que o próximo deve mudar; ou que igreja e estado têm que mudar.

Cada um tem que mudar a si mesmo. Só então, irradiamos forças positivas e construtivas e, em comunidade com muitas pessoas afins, afetamos positivamente os nossos semelhantes, que ainda estão na sombra do pensamento materialista. Dessa forma, também afetamos a Terra, da qual fazemos parte.

Jesus disse: "Tudo o que você faz ao menor dos Meus irmãos, você faz a Mim".

Deus é tudo em todas as coisas. Portanto, aquilo que infligimos ao nosso próximo ou aos reinos da natureza recai sobre nós.

Se queremos que a vibração da estrutura da nosso alma e corpo seja elevada, também temos que nos deixar elevar, mudando as nossas convicções. Se sentimos, pensamos, falamos e agimos de forma positiva, se começamos a levar uma vida altruísta, a respeitar o próximo, a amá-lo e fazer o bem a ele, a estimar a vida na Terra e nos reinos da natureza, então, com a ajuda da força de Cristo, iremos refinar e elevar a nossa vibração.

A salvação é a irradiação mais elevada, Deus em nós — A nossa consciência desenvolvida nos guiará

O poder de Deus, a mais fina irradiação, irradiará para nós cada vez mais. Irá levantar a nossa alma e reforçar as nossas células, órgãos, músculos, glândulas e hormônios; de fato, conduzirá todo o organismo a uma irradiação mais elevada. Portanto, quando as forças mais elevadas irradiarem através de nós, guiando-nos, ganhamos cada vez mais distância das vibrações baixas negativas.

Assim, o nosso positivo, o elevado nível de irradiação da alma e do corpo tem um efeito positivo sobre os remédios naturais e medicamentos. Com isso, também será possível nos proteger contra muitos dos perigos que irão assolar muitas pessoas e até a própria Terra.

Dessa maneira, a nova humanidade surgirá. Do negativo emerge o positivo. De uma humanidade orientada ao transitório, à matéria, emerge a humanidade espiritual de pessoas conscientes de Deus.

O Salvador em todos os momentos de necessidade e perigo é a irradiação mais elevada, Deus em nós.

Portanto, se diz para o futuro: Se você deseja escapar dos maiores perigos, se deseja atingir a cura através do Espírito, se deseja se libertar dos medos e das compulsões, então as palavras-chave que lhe trarão a solução serão: "Mais perto de Ti, meu Deus!"

Queremos nos aproximar de Deus. Então, vamos começar imediatamente! Deixamos ondas de gratidão a Deus e de amizade a todos os seres humanos vibrar através do nosso interior.

Em vez de reclamar de nossas doenças, tentemos desenvolver sentimentos de gratidão a Deus e de amizade aos nossos semelhantes. Por meio de gratidão e amizade, a tensão na nossa alma diminui e a nossa resistência física aumenta, porque vibrações mais elevadas nos inundam cada vez mais.

E assim, temos que nos empenhar para elevar a nossa consciência a um nível espiritual mais elevado, à fina e elevada irradiação de Deus, vivendo uma vida pura através da oração e meditação, através de pensamentos e atos positivos. Então, mesmo as manifestações exteriores de doença mudarão e traremos luz para a vida de muitas pessoas pobre de luz.

Se vivermos num estado de autocontrole e realização e a nossa consciência se desenvolver corretamente, ela nos guiará, por exemplo, a um médico que fará o que é certo para nós. Em outra ocasião, pode nos mostrar o caminho da recuperação sem precisar consultar um médico. Uma consciência amplamente desenvolvida também pode nos conduzir a passar ao lado de uma zona de perigo em que um grande acidente está prestes a acontecer. Ou uma consciência desenvolvida, na qual a força eterna de Cristo é cada vez mais eficaz, nos leva a mudar os nossos planos e preparativos de tal maneira que nós, ou outros, somos protegidos contra danos.

Se nossa consciência vibra na consciência de Deus, na fina irradiação, é possível que Deus nos guie de acordo com Suas leis. A elevada consciência é então o guia da nossa vida em todas as coisas, grandes e mais pequeninas.

Se, por exemplo, nos for oferecido um alimento, não teremos apetite por tal alimento que não seja benéfico para a nossa constituição ou que contenha substâncias nocivas, isto é, veneno.

Portanto, depende exclusivamente de nós, dos nossos próprios sentimentos, pensamentos e atos. Temos que trazer o nosso verdadeiro eu em concordância com todo o universo. Então a condução nos será dada pela força de Deus, pela força de Cristo. Obtemos saúde e bem-estar e nos encontramos na irradiação fina e protetora de Deus.

A imagem de doença, problemas, temor, preocupações e necessidade tem que desaparecer dos nossos pensamentos. Devemos colocar todo o nosso empenho em deixar de considerar estes aspectos humanos, como doença, por exemplo, como algo que precisa ser curado. Em nossos pensamentos e crenças, concebemos a noção de que doenças e outros males não existem! Em vez de nos fixarmos em doenças, preocupações, dificuldades, problemas e afins, afirmamos saúde, alegria, harmonia, satisfação e felicidade!

Sem considerar a aparência das coisas, ou quão ruim parece ser uma doença ou infecção — devemos dedicar um tempo para meditar sobre a força perfeita de Deus, a fina irradiação, a realidade que está atrás das sombras de doença, sofrimento, necessidade e preocupação. Ao fazer isso, chegamos a um âmbito de vibração mais elevado, uma irradiação mais fina. Os sintomas da doença então mudarão de acordo com este âmbito de vibração.

De acordo com a sua verdadeira natureza, cada um de nós é um portador da vida divina, um filho do Altíssimo. De acordo com a nossa origem, somos divinos. A plenitude da nossa verdadeira natureza é saúde, paz e felicidade.

Meditemos nas seguintes palavras: Somos filhos de Deus que possuem a plenitude do infinito, saúde, paz e felicidade.

Portanto, devemos nos voltar a Deus, a força e a plenitude eterna. Não devemos falar sobre as nossas doenças e golpes do destino. Não devemos reclamar ou pensar em qual remédio poderíamos experimentar hoje. Pois, assim como nos voltamos para a doença e suas causas, contribuímos ao aparecimento de novos sintomas e a formação de germes adicionais.

Sobretudo, temos que recusar de permitir que tais conceitos negativos penetrem na nossa consciência. Assim que removemos esses "erros", a perfeita condição da realidade pode aparecer, já que possuimos o nosso verdadeiro eu. A cada instante, somos filhos de Deus. Temos que eliminar todo o contrário ainda existente, para que a força da vida possa ser eficaz.

Na nossa vida não deve haver ódio. O nosso próximo deve ser um amigo e irmão para nós. Temos que eliminar cada agitação no nosso ânimo, e então alcançamos o estado de paz. Em paz, a alma e o ser humano são curados.

Assim como corpos materiais estão sujeitos às leis da gravidade quando caem, a lei da atração também se aplica ao mundo de pensamentos.

Apercebamo-nos de que a doença nada mais é do que a manifestação de nossos pensamentos!

O que atraímos através dos nossos pensamentos cai em nós, por assim dizer, uma vez que coisas iguais ou parecidas já estão presentes em nós. Como se diz: Igual atrai igual.

O que é realmente doença?
A doença é baseada no pensar errôneo

O que é realmente doença? Pode ser comparada com as nuvens. O vapor de água sobe da superfície da Terra e se condensa em formações de nuvens. Essas nuvens bloqueiam a nossa visão do sol.

De maneira semelhante, causas surgem da nossa alma como efeitos, manifestando-se em nós como doença. Fazem com que o nosso sistema nervoso fique tenso. Com isso, a força espiritual que ajuda, cura e edifica diminui.

Portanto, reconhecemos que por mais que o sol espiritual, o Espírito eterno, possa ser ocultado de nós por nuvens, o próprio sol, o Espírito, não é afetado por isso! As nuvens formam um invólucro da alma, um véu. O próprio Espírito, no entanto, não é tocado por isso.

A doença tem a sua base em pensamentos errados.

Tudo o que pensamos toma forma, porque cada pensamento é energia. A formação de pensamentos, isto é, a soma dos nossos pensamentos, afeta a alma e o corpo.

Se temos medo de doença, estamos a afirmando. Se falamos de doença, a afirmamos. Portanto, criamos um complexo de pensamentos chamado doença.

Mas se sabemos que nenhuma energia é perdida e, no entanto, por ter medo e por falar sobre doenças, emitimos energias de uma doença, atraimos de volta o que enviamos. Este ganha influência sobre nós. Nós carregamos a nossa alma e o nosso corpo; ficamos doentes.

Assim, podemos dizer que nossas doenças são pensamentos manifestados — nossos próprios pensamentos, não os do próximo.

Se temos medo de vírus e bactérias nocivas, atraímos vírus e bactérias nocivas. Se tivermos medo do que estes poderiam desencadear, estes ganham influência sobre nós e têm o mesmo ou parecido efeito nos nossos corpos.

Aquilo do qual tememos, se torna, então, realidade em nós.

Temores e preocupações são uma falta de confiança em Deus. Falta de confiança em Deus significa que há pouca energia espiritual fluindo em nós. Se intensificamos ainda mais os nossos temores e preocupações afirmando essas preocupações, então a energia espiritual diminui sempre mais em nós, e teremos uma falta de energia. Isso significa que estamos pobres de energia ou nos tornamos cada vez mais pobres de energia dependendo da frequência do nosso cismar sobre as nossas preocupações ou de pensar em nossas doenças.

A falta de energia espiritual significa um enfraquecimento da alma e do corpo. O resultado é que exatamente aquilo do qual temos medo ganha influência sobre nós.

Nós nos infectamos com os nossos próprios pensamentos temerosos e de preocupações, com os nossos próprios pensamentos de doença, miséria e golpes do destino. Se temos medo de vírus e bactérias nocivas, nós os atraímos e, portanto, podemos nos infectar com estes.

Portanto, a doença é baseada em pensamentos errôneos.

Cedo ou tarde, temos que compreender e aprender que somos filhos de Deus, seres cósmicos. Deus criou a nossa natureza mais íntima, o nosso corpo espiritual, absolutamente pura e livre.

Deus não conhece doença. Ele é absoluto.

Se proviemos d'Ele como seres puros, então somos, em Deus, absolutos, isto é, puros, livres e, portanto, perfeitos.

Se sairmos do Absoluto, da Lei Absoluta do amor e da harmonia, então marcamos a nossa vida. Todos nós saímos da lei de Deus e ainda o fazemos, através dos nossos pensamentos e atos errôneos. Os nossos padrões de pensamento errados têm um efeito sobre nós e tomam forma em nós, marcando-nos. Isso significa que nos tornamos o nosso próprio padrão de pensamento. Os nossos padrões de pensamento podem ser constituídos pelos mais variados tipos de medos ou preocupações. O medo de uma doença provoca os sintomas dessa doença ao nosso redor e depois em nós. Ela se desenvolveu porque saímos do Absoluto através de pensamentos errôneos.

No Espírito não existe doença. Portanto, nós mesmos a criamos. A manifestação falsa é a nossa natureza; é um complexo de pensamentos manifestado em nosso corpo. Esse complexo de pensamentos nos afeta em proporção direta à maneira como o possibilitamos, através de pensar continuamente sobre a doença e do nosso próprio medo da doença.

*Elevação da consciência e a
união com o núcleo do ser torna a
cura possível através do Espírito de Deus —
Uma programação positiva da família*

Não há como eliminar doenças graves apenas com pensamentos positivos. No entanto, se os pensarmos para dentro do nosso interior e os dirigirmos às nossas células e órgãos, eles preparam o nosso corpo para as ondas curativas do Espírito. Todavia, o que pensamos deve ser afirmado por nós em nossas sensações e sentimentos. Em outras palavras, pensamentos, sensações e sentimentos são de uma só vontade.

O nosso ser puro, o núcleo do ser da alma, não forma unidade com a doença. Através do pensamento positivo, através do pensamento de sermos são, temos que expandir a nossa consciência e elevá-la para que esta possa estabelecer uma comunicação mais forte com o núcleo do ser da alma, com o Espírito absoluto. Isso leva a um aumento do fluxo do Espírito, que então traz salvação na alma e cura no corpo.

Assim, é possível ao Espírito de Deus em nós de dissolver a doença e fazer com que esta desapareça, assim como o sol faz com as nuvens. No entanto, temos que dar o primeiro passo: Temos que expandir e elevar a nossa consciência e estabelecer uma comunicação mais forte com o núcleo do ser, o divino em nós.

As pessoas geralmente buscam a força da cura interior através da oração, meditação, pensamento positivo e uma dieta específica, esforçando-se em direção ao seu interior, onde a fonte da vida flui. Não obstante, elas não são totalmente bem-sucedidas em alcançar os âmbitos de vibração onde a cura através do Espírito de Deus é possível. Se estamos mais ou menos em harmonia, se os nossos pensamentos são pela maior parte positivos e, no entanto, apesar de tudo, sentimos que não estamos elevando a nossa consciência — então devemos dar uma olhada em nós mesmos.

Devemos examinar a nossa família e ver se há conflitos, brigas, irritação, ódio ou outros sinais de discórdia nela. Impulsos perturbadores como essas podem afetar uma pessoa orientada para o interior. Estes podem impedi-lo de alcançar a harmonia que lhe possibilita estabelecer um contato mais forte com o Médico e Curador Interior. Se houver desarmonia dentro da família, recomenda-se que a própria pessoa doente se esforce para trazer harmonia à família.

Frases facilmente lembradas, que servem como suportes de consciência, podem ser de ajuda aqui, como: "Minha família consiste em filhos de Deus" e "Somente a perfeição e harmonia podem reger em minha família dos filhos de Deus" e "A consciência de cada indivíduo está cheia de paz e amor." Se nos programarmos com esses pensamentos e enviarmos essas ondas positivas de pensamentos para a família, muitas coisas poderão mudar, dependendo, é claro, do estado de consciência de cada indivíduo — quão perto ele está de Deus, ou a que distância ele ainda pode estar do Eterno.

Pensamentos são forças, tanto as positivas como as negativas!

Mas tenhamos paciência e compreensão, e confiemos em que uma transformação também ocorrerá na família! Vejamos o nosso próximo como uma parte de nós mesmos! Então é possível tratá-lo com compreensão e tolerância e com o amor que cura muitas feridas na alma.

*Temos que mudar a
nossa maneira de pensar —
A afirmação do nosso verdadeiro ser
promove a saúde — A cura espiritual
é um processo de libertação dos males
que nós mesmos causamos*

Devemos tomar consciência do seguinte e nos programar de acordo: Deus, o nosso Senhor, não criou nenhuma doença. Assim, doença não existe na Sua realidade. Portanto, nunca devemos pensar que nós estamos doentes. Vamos abandonar o sentimento de estar doentes e pensar saúde para nós! A consciência das nossas células então despertará e nos concederá força em abundância e também paz.

Quem pede pelas correntes de cura tem que orientar o seu pensar para a força de cura, na verdade, e conscientizar-se de que é um filho de Deus e, portanto, uma realidade espiritual.

Se penetrarmos nas densas nuvens do mundo exterior das aparências e compreendermos a nossa natureza espiritual, poderemos dizer com plena convicção: "Eu sou um filho de Deus".

Para nos tornarmos capazes de pensar de forma positiva, capazes de desenvolver pensamentos de saúde, não podemos nos considerar como seres físicos. Ser humano oculta em si inconsistência e ser suscetível a doenças e destruição. Ao contrário, devemos nos reconhecer como um ser eterno e indestrutível, que pode florescer em Deus, seu Senhor e Pai.

Quão crítica seja a nossa condição atual, quão debilitados nós estamos, isso não é o essencial. Isso é apenas uma aparência exterior. As aparências exteriores são apenas imagens de sombra e estas não são iguais à realidade.

Mas o que não é real é falácia. A falácia nos leva a aceitar como realidade coisas que não têm existência real. Portanto, o que realmente não existe é inexistente.

Temos que aprender a mudar completamente a nossa maneira de pensar e orientar os nossos sentimentos e pensamentos às leis da vida. Então chegaremos à verdade, que é Deus em Cristo, que nos liberta. Temos que desviar os nossos pensamentos dos males que nos atormentam em nossos pensamentos e em nosso corpo, e nos empenhar em ter pensamentos afirmativos e construtivos que promovam a saúde. Tenhamos pensamentos de saúde!

Se reconhecermos e admitirmos que Deus é a nossa vida, nada além de Deus pode existir. Portanto, deixemos que Deus se manifeste em nós, afirmando o divino! Os complexos de pensamentos negativos desaparecerão e tudo se tornará mais claro, mais harmonioso e amigável em nós.

A doença é o mal. Deus não criou o mal. Portanto, o mal não existe. Mesmo que o mal esteja presente no exterior, na matéria, em Deus, em nosso verdadeiro ser, este não tem uma existência real.

É por isso que temos que afirmar o nosso verdadeiro ser: Deus criou o ser espiritual absoluto e puro, o corpo espiritual que está dentro de nós — com toda a sua luz e força.

Portanto, não devemos afirmar a existência da doença; caso contrário, damos a esse fenômeno um poder e tenacidade que não possui por si mesmo.

Não se deve aceitar o que não existe no espiritual, na verdadeira realidade. Toda a força está na verdade, na realidade espiritual. Devemos afirmar essa força!

Portanto, temos que aprender a mudar a nossa maneira de pensar.

Só quando a humanidade — isto é, todos e cada um — tenha aprendido a mudar o seu modo de pensar, a humanidade florescerá pela força de Deus. Ela se tornará saudável e feliz, alegre, pacífica e harmoniosa.

A cura espiritual, ou seja, a cura através do Espírito de Deus em nós, é um processo de libertação dos males que nós mesmos causamos.

Não obstante, o Espírito, Deus, pode se tornar cada vez mais eficaz e nos levar à libertação, somente onde o próprio ser humano criou as condições necessárias.

O pré-requisito essencial é que o ser humano se volte para Aquele que é a vida. A pessoa tem que mudar a sua maneira de pensar, e substituir pensamentos negativos, sem alvo, sismáticos, por pensamentos positivos, propositados, construtivos e propícios.

*A verdadeira oração
contém em si a realização*

A oração é a expressão direta da comunicação com Deus. Contudo, os nossos pensamentos de oração só têm força especial quando realizamos na vida cotidiana as coisas pelas quais estamos orando.

Se eu pedir por saúde, tenho que fazer um esforço na minha vida para pensar para dentro de mim pensamentos de saúde e não de doença, preparando-me assim para as ondas curativas.

Se peço em oração por paz e harmonia, tenho que me esforçar por ver o bem no meu próximo e afirmar as suas qualidades positivas. Não posso falar negativamente sobre ele.

Tudo o que eu emito volta para mim! Se eu desejo ao meu próximo paz e harmonia e o vejo na luz da Divindade, isto é, positivamente, então o que eu emiti — paz e harmonia — voltará para mim. Eu me torno naquilo pelo qual eu pedi em oração.

Se desejo ser amado, devo primeiro esforçar-me por amar o meu próximo. Assim como sou, eu emito. Assim como eu emito, isso volta para mim como eco.

Por isso, temos que mudar a nossa maneira de pensar.

A oração certa sempre anda de mãos dadas com a vida certa. Ela leva em si o cumprimento das nossas vidas e é de maior importância para nós, seres humanos.

Orar da maneira correta significa viver da maneira correta.

Orar da maneira correta significa cumprir as leis de Deus, perdoar e amar o nosso próximo e enviar pensamentos bons, positivos e amorosos, mesmo aos nossos inimigos mais implacáveis.

Esta é a oração que é vivida. Ela encontra a sua entrada no nosso interior e abre a nossa consciência para as ondas curativas de Cristo. Aquele que é capaz de orar de coração dessa maneira, pedindo a Deus força e ajuda, também receberá.

No entanto, se suas orações não são respondidas imediatamente, a maioria das pessoas perde a fé em Deus e reclama da falta de sucesso de suas orações. Dessa maneira, elas arrancam a semente que antes plantaram com fé no solo fértil e produtivo.

Temos que nos conscientizar de que uma oração sincera e verdadeira, uma oração que é vivida, já está cumprida no mundo da realidade.

A oração verdadeira e sincera inevitavelmente leva à realização, porque o que foi afirmado e vivido já existe no mundo interior.

Deus, nosso Pai, é a plenitude. Ele colocou toda a criação em nós. Assim, tudo está contido em nós.

Devemos reconhecer que a colheita já existe na semente, mesmo que ainda não seja discernível aos olhos físicos. Se regarmos a semente correta com pensamentos de oração corretos e com forças de afirmação da vida, então recebemos.

Uma oração assim vivida vem da fé profunda e da confiança em Deus, nosso Senhor, e em nosso Redentor, Cristo.

Se sabemos que o que desejamos já está presente em nós, só cabe a nós desenvolver essas forças através de pensamentos positivos e de uma vida positiva.

Deus também tem o atributo de paciência. Pensamos que se orarmos hoje, a semente dentro de nós deve germinar no dia seguinte ou dentro de uma semana e a colheita deve aparecer. Não podemos esperar que aquilo pelo qual oramos se materialize imediatamente diante de nossos olhos.

*Só Deus sabe o que é bom
para a salvação da nossa alma —
Somente a boa semente traz uma boa
colheita — O amor é o poder mais elevado
e a nossa verdadeira natureza*

Toda atitude de expectativa em relação a Deus é dúvida.

Não devemos esperar, mas sim ter a certeza de que no nosso interior já recebemos! Para que isso seja manifestado exteriormente, devemos desenvolver a firme confiança de que o amor de Deus está próximo de nós; Deus está aqui. Ele nos conhece. Nós mesmos mal sabemos quem somos. Ele sabe o que é bom para nós. Nós não o sabemos, porque não conhecemos as cargas da nossa alma.

Tudo serve para o crescimento da nossa alma. É por isso que nunca devemos exigir de Deus, mas pedir a Ele. Só Ele sabe o que é bom para a salvação da nossa alma.

Portanto, pratiquemos a paciência, preparando o nosso corpo para as ondas curativas. Podemos primeiro obter as bênçãos mais elevadas quando tivermos amadurecido o suficiente para elas, por meio de uma vida correspondente que agrade a Deus. E, portanto, temos que reconhecer que mesmo o sofrimento é necessário para o progresso da alma humana até atingir um certo nível elevado.

O sofrimento também pode ser o fluir de um fardo da alma ainda presente. Nesse caso, não pode ser totalmente apagado pelo Espírito de Cristo, o Médico e Curador Interior, porém, ao melhor, aliviado. Somente quem atingiu uma certa altura de desenvolvimento não precisará mais suportar o sofrimento.

Para encontrar o caminho de saída desta vida dolorosa, devemos nos examinar diariamente:

O que falamos? Falamos mal dos outros? Falamos de maneira amistosa sobre outros? Somos pessimistas ou otimistas? Falamos sobre assuntos cotidianos sem importância? Falamos sobre lucro e riqueza ou sobre progresso espiritual?

Temos que reconhecer que as respostas que nós mesmos damos a essas perguntas são decisivas para o curso da nossa vida e do nosso destino mais adiante.

Uma vez que esteja claro para nós que colheremos o fruto de cada palavra que dissemos, certamente iremos velar o que sentimos, pensamos e dizemos no futuro. Pensamentos e palavras positivos e amorosos são verdadeiras orações. Palavras severas e maliciosas não apenas prejudicam os outros, mas também golpeam contra a nossa própria vida e saúde. Por outro lado, palavras de amor, que alegram e acalmam as emoções empolgadas dos outros, também contribuem para a nossa boa saúde e felicidade.

Na Bíblia está escrito: "O que você semear, colherá." Portanto, devemos semear o campo de nossa vida com boas sementes. E então colheremos bons frutos, por exemplo, saúde e felicidade.

Quantas vezes dizemos que nossas orações não foram ouvidas? Qual foi o motivo disso? Temos que reconhecer que a lei de causa e efeito é válida por todos os lugares. Muitos pensam que a oração é mais fácil e requer menos esforço do que o auto-sacrifício e esforço pelos outros. Uma oração recitada é certamente mais fácil. Mas tem pouco efeito em nosso interior. Também não contribui para tornar-se saudável ou para a harmonia, felicidade e alegria. Não é uma oração vivida.

Quem não desperta a sua oração para a vida, ativando-a através de seu ato vivo, tampouco será capaz de receber. Mais cedo ou mais tarde, todos temos que reconhecer que uma boa colheita é concedida apenas àquele que também plantou uma boa semente no campo da vida.

Para alcançar a cura espiritual, tudo a seguir é necessário:

Temos que gradualmente nos libertar dos nossos sentimentos e pensamentos baixos.

Todos os dias temos que nos tornar mais conscientes de que somos seres cósmicos, filhos de Deus.

Temos que aprender a pedir perdão e perdoar o nosso próximo.

Se aprendermos essas coisas passo a passo, sentiremos a liberdade interior, isto é, o desprendimento de tudo que é contrário. O contrário, o negativo, quer nos puxar para baixo e nos vincular ao humano como ódio, inveja, inimizade e coisas deste gênero. A intenção honesta de pedir perdão ou perdoar o nosso próximo já é o primeiro passo. É a boa vontade, a prontidão para fazê-lo completamente.

Para nos libertar dos pensamentos de ódio ou de inimizade e nos encher de amor, devemos nos retirar por cinco minutos todas as manhãs e todas as noites para uma sala silenciosa ou para um canto silencioso. Lá devemos sentir, pensar e dizer as seguintes frases profundamente ao nosso interior: "Eu sou um filho de Deus. Que o amor preencha o meu coração! Não desejo odiar nem sentir inimizade em mim. Eu amo quem não está bem-disposto para mim".

Se nos for possível sempre dar amor desinteressado, com o tempo, o amor também chegará a nós.

Quem semeia amor colherá amor. Esta é uma lei do Espírito: O que emitimos receberemos.

No entanto, o amor não precisa apenas ser como uma brisa suave e sussurrante. Também pode ser a seriedade com a qual dizemos o que é necessário de acordo com a lei. O amor é esclarecimento. O amor é quando os meus sentimentos, pensamentos e palavras são altruístas. Isso é amor.

Assim, o que emitirmos recairá sobre nós. Isso se enraizará em nós e nos afligirá de acordo. É por isso que precisamos viver uma vida pura e altruísta para poder receber as forças de cura.

O amor é o poder mais alto do cosmos.

O amor é a nossa verdadeira natureza.

Que cada um de nós atinja novamente esse mais elevado poder cósmico, o amor, para que possamos contribuir para o florescimento e progresso da humanidade e da alma humana individual.

É isso que desejo de todo o coração aos meus semelhantes.

Saudações em Deus,

Gabriele

Esta é a Minha Palavra
A e Ω

O Evangelho de Jesus

A revelação de Cristo, que os verdadeiros cristãos em todo o mundo, entretanto, conhecem

Jesus de Nazaré não fundou uma religião. Ele tampouco instalou padres ou pastores e nem ensinou dogmas, ritos ou cultos. Há 2000 anos, Jesus trouxe a verdade do Reino de Deus: O ensinamento do amor a Deus e ao próximo para com as pessoas, a natureza e os animais; o ensinamento da liberdade, da paz e da unidade. Ele falou sobre o Deus do amor, sobre o Espírito Livre – Deus em nós.

Cristo, o Corregente do Reino de Deus, revela no nosso tempo os fatos sobre a sua vida e as suas obras aquando Jesus de Nazaré.

<u>Índice</u>: Sentido e finalidade da vida na Terra • A lei de causa e efeito • Requisitos para a cura do corpo • Deus não se enraivece nem castiga • Jesus ensinou sobre o matrimônio • O ensinamento da condenação eterna é um escárnio de Deus • Jesus amava os animais e sempre os apoiou • Sobre a morte, a reencarnação e a vida • O significado verdadeiro do ato de Redenção de Jesus • e muito, muito mais ...

Um Audio CD está incluído no livro com a palavra eterna do Reino de Deus: *"A Chamada do Cristo de Deus"* e *"O Aparecimento"*, dados no ano 2017 através de Gabriele

1094 pág., capa dura, ISBN 978-3-96446-012-7. **US\$ 24,90**
Também disponível em formato E-Book **US\$ 12.99**

Brochuras grátis

* *Não solte!*

* *Encontrar Deus. Onde? Como?*

* *Aproveita o Instante! O que você fizer, faça-o por completo!*

* *Palavras de Vida – para a saúde da alma e do corpo*

* *O Jovem e o Profeta*

* *e muitos outros ...*

Com prazer mandamos o nosso catálogo de livros, CDs e DVDs.

Casa Editorial Gabriele – A Palavra

P.O. Box 2221
Deering, NH 03244 – USA

Max-Braun-Str. 2,
97828 Marktheidenfeld – Germany

www.gabriele-publishing-house.com
mail@gabriele-publishing-house.com
www.gabriele-verlag.com